13
사자가 된 아탈란테와 히포메네스

주니어RHK

신화의 가치

신화는 한 민족의 기원이나 역사적 · 종교적 · 문화적 삶의 모습을 보여 주는 옛이야기입니다. 주로 신과 영웅에 관한 이야기가 많고, 오랫동안 입에서 입으로 전해 내려왔다는 특징이 있지요.

우리가 살펴볼 그리스 로마 신화는 고대 그리스와 로마에 전해 오는 신화와 전설을 한데 묶은 것입니다. 그리스 로마 신화는 고대의 삶을 엿보게 해 주는 문화유산일 뿐만 아니라, 세계 여러 나라의 문학과 미술에 큰 영향을 끼쳤습니다. 하지만 문화적 가치만큼이나 중요한 것이 또 있습니다. 오래된 옛이야기이면서도 거기에 담긴 교훈적 가치가 오늘날에도 여전히 쓸모 있고 중요하다는 사실입니다.

놀랍지 않나요? 수천 년 전의 이야기가 어떻게 과학 문명이 고도로 발달한 오늘날에도 통하는 것일까요? 그것은 바로 그리스 로마 신화에 나오는 신과 영웅의 모습이 오늘날 우리의 모습과 다르지 않기 때문입니다. 신들도 우리처럼 분노하고, 질투하고, 실수를 하지요. 그런 모습을 보면서 우리는 깔깔 웃거나 눈물을 흘리고, 교훈과 감동을 얻습니다. 우리가 그리스 로마 신화를 읽어야 하는 까닭이 바로 이것입니다.

신화의 세계로 떠날 여러분에게 한마디 덧붙이자면, 신화는 우리에게 끝없는 상상력을 요구한다는 점입니다. 신화 속에는 수많은 은유와 상징이 곳곳에 널려 있지요. 따라서 신화를 읽을 때에는 상상력을 최대한 발휘하여 신화 속에 숨겨진 의미를 찾고, 그것을 자기 나름대로 재해석하는 과정이 필요합니다. 이렇게 읽었을 때에야 비로소 여러분 앞에 놀라운 삶의 이야기가 펼쳐질 것입니다.

자, 그럼 흥미진진한 신화의 세계 속으로 함께 떠나 볼까요?

아탈란테는 결혼을 하면 불행해진다는 신탁을 받습니다.
하지만 여러 젊은이들이 자꾸 청혼을 하자,
아탈란테는 달리기 시합을 벌여
자기를 이기는 사람과 결혼하겠다고 합니다.
하지만 언제나 아탈란테가 그들을 가볍게 이기곤 했지요.
과연 아탈란테를 이길 사람이 나타날까요?

주요 등장인물

이아소스 왕

그리스 아르카디아 지방의 왕이에요. 기다리던 자식이 딸이라는 이유로 아탈란테를 숲에 버려요.

아프로디테

아름다움과 사랑의 여신으로, 올림포스의 여신들 가운데 가장 아름다운 여신으로 꼽혀요. 예쁜 여자들에게 질투를 많이 느껴요.

멜레아그로스

칼리돈의 왕자예요. 용감하고 사냥을 잘해요. 아탈란테를 속으로 좋아해요.

알타이아

칼리돈의 왕, 오이네우스의 아내이자 멜레아그로스와 데이아네이라의 어머니예요. 장작을 숨겨 아들의 목숨을 구해요.

히포메네스

바다의 신 포세이돈의 자손이에요. 아름다운 아탈란테에게 반해 달리기 시합을 청해요.

아탈란테

이아소스 왕의 딸로 어릴 때 버려졌어요. 곰의 손에서 자라 남자들보다도 달리기와 사냥 솜씨가 뛰어나요. 외모도 무척 아름다워요.

1
멜레아그로스의 죽음

"사랑하는 아들아,
이 어미가 주었던 생명을 이제 돌려줄 때가 왔구나.
부디 이 어미를 미워하지 마라."

멜레아그로스가 이끄는 사냥꾼들이 멧돼지를 죽였다는 소문이 온 나라에 퍼졌습니다. 그 소식은 곧 왕궁에까지 전해졌습니다.

"믿었던 대로 잘 해냈구나!"

멜레아그로스의 어머니 알타이아는 무척 기뻐서, 곧바로 신들에게 감사의 *제물을 바칠 준비를 했습니다.

하지만 잇달아 알타이아의 두 동생이 죽었다는 슬픈 소식이 전해졌습니다. 알타이아는 가슴을 쥐어뜯으며 눈물을 뚝뚝 흘렸습니다.

*제물 제사 지낼 때 바치는 물건이나 짐승 따위.

“도대체 누가 내 동생들을 죽였단 말이냐! 내 그자를 찾아 반드시 복수하고 말리라!”

알타이아의 말에 병사가 더듬거리며 대답했습니다.

“저, 그게…… 말씀드리기 *황공하오나…… 바로 멜레아그로스 왕자님입니다.”

“뭐? 내 동생들을 죽인 자가 내 아들이라고?”

알타이아는 충격을 받았습니다. 도저히 믿기 어려웠지만 그것은 돌이킬 수 없는 사실이었습니다.

***황공** 위엄이나 지위 따위에 눌리어 두렵다.

"멜레아그로스, 어째서 그런 일을 저지른 것이냐."

알타이아는 문득 생각나는 것이 있었습니다.

알타이아는 눈물을 흘리며 잘 숨겨 두었던 보석 상자를 꺼냈습니다. 보석 상자 안에는 타다 만 장작이 들어 있었습니다.

알타이아는 장작을 바라보며 오래전 멜레아그로스가 태어났을 무렵 일어난 일을 떠올렸습니다.

아기가 태어나서 나라 안팎으로 기쁨에 들썩이던 사람들, 운명의 여신이 홀연히 나타나 난로의 장작이 다 타 버리면 멜레아그로스가 죽게 될 것이라는 예언을 했던 일, 그리고 자신이 서둘러 장작을 꺼내 불을 껐던 일들이 차례차례 떠올랐습니다.

알타이아는 사랑하는 멜레아그로스를 지키기 위해 타다 만 장작을 보석 상자에 고이 간직했던 것입니다.

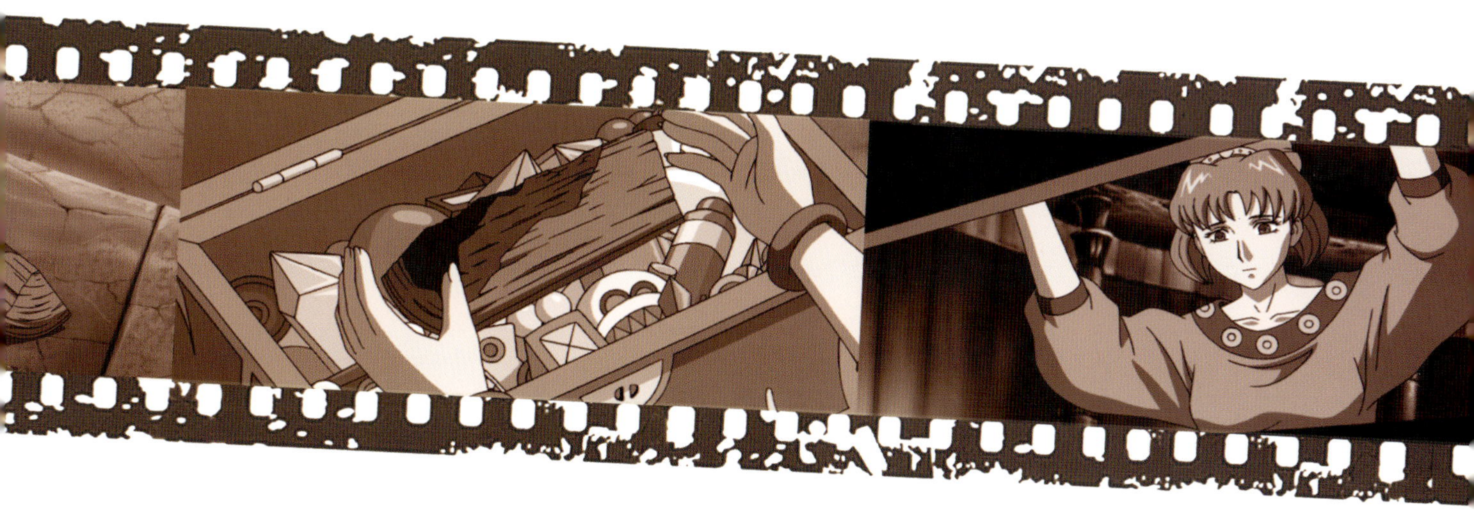

그리고 지금 그때 보석 상자 속의 시커멓게 타다 만 장작을 알타이아는 한참 동안 내려다보았습니다.

"멜레아그로스, 네가 저지른 일을 도저히 믿을 수가 없구나. 그때 장작불을 꺼 너를 살린 것이 잘못이었을까."

알타이아는 거스를 수 없는 운명에 마음이 아팠습니다.

무언가를 결심한 듯 알타이아는 떨리는 손으로 보석 상자 속 운명의 장작을 꺼냈습니다. 그러고는 장작을 들고 불이 활활 타오르는 난로 앞으로 다가갔습니다.

"이 장작에 멜레아그로스의 생명이 달려 있다니! 아아, 내 손으로 내 아들의 운명을 끝내게 될 줄이야!"

한편 멜레아그로스는 아탈란테와 사냥을 마치고 돌아오는 길에 갑자기 쓰러졌습니다.

"윽!"

멜레아그로스는 타는 듯한 아픔에 가슴을 쥐어뜯었습니다. 장작의 불길이 타오르자, 멜레아그로스에게도 보이지 않는 불길이 옮겨 붙은 것입니다.

"멜레아그로스, 왜 그래요?"

아탈란테가 놀라서 부축했습니다.

"아! 갑자기 가슴이……."

멜레아그로스는 고통을 이겨 보려고 몸부림쳤습니다. 하지만 도저히 참을 수 없었습니다.

"아, 이제 곧 죽음이 다가오겠구나. 차라리 명예롭게 멧돼지와 싸우다 죽는 것이 더 좋았을 것을……."

멜레아그로스는 외삼촌들에게 지은 죄로 벌을 받는다고 생각하니 부끄러웠습니다.

"아버지! 나의 사랑하는 형제와 가족들아! 아, 그리고 어머니!"

성 안의 장작불이 다 타오르고 흰 재만 남는 동안, 멜레아그로스의 생명의 불꽃도 서서히 꺼져 갔습니다. 멜레아그로스는 마지막 힘을 다해 아탈란테를 바라보고는 숨을 거두었습니다.

집으로 돌아온 아탈란테는 마음이 아팠습니다.

'모두 나 때문에 벌어진 일이야. 내가 멧돼지 사냥을 가지 않았더라면 이런 일이 없었을 텐데…….'

아탈란테는 멜레아그로스에게 벌어진 일 때문에 마음이 아팠습니다.

아탈란테는 멧돼지 가죽과 *엄니를 불에 태웠습니다. 그 불꽃을 바라보며 속으로 빌었습니다.

'신이시여, 다시는 저 때문에 이런 일이 생기지 않게 하소서.'

***엄니** 크고 날카롭게 발달하여 있는 포유류의 이.

2
신탁과 결혼의 조건

"좋아요. 다만 조건이 있어요.
나와 달리기 시합을 해서 이기는 사람과
결혼을 하겠어요. 하지만 그 사람이 지면
그때는 목숨을 받겠어요."

왕가에 불행한 일이 잇달아 일어나자 사람들의 마음도 무거웠습니다. 하지만 사람들을 괴롭히던 멧돼지가 죽어, 한시름 마음을 놓았습니다.

"정말 다행이야. 그런데 도대체 누가 잡은 건가?"

"여자 사냥꾼이 공을 세웠다던데?"

"그래, 아탈란테가 해냈다고 하더군. 그 대단한 여걸 말이네. 소문 못 들었는가?"

사람들은 아탈란테가 공을 세웠다는 말에 감탄을 했습니다. 아탈란테를 아는 사람들은 고개를 끄덕였습니다.

아탈란테에 대한 소문은 점점 널리 퍼졌고, 아탈란테가 어린 시절

숲에 버려져 곰의 손에서 자랐다는 이야기까지 알려졌습니다.

그 소식은 이아소스 왕의 귀에까지 들어갔습니다.

"그 아이는 내 딸이 틀림없다!"

이아소스 왕은 당장 아탈란테를 궁으로 불러들였습니다.

"이렇게 밝고 곱게 자라다니……."

클리메네 왕비는 기뻐서 눈물을 흘렸습니다. 그 뒤로 아탈란테는 부모님과 함께 궁에서 즐겁게 지냈습니다.

버림을 받았던 아탈란테 공주가 돌아오자, 사람들은 기뻐했습니다. 게다가 공주가 무척이나 씩씩하고 아름답다는 이야기에 수많은 청년들이 관심을 보였습니다.

"공주님, 한 번만 만나 주세요."

"공주님, 제 선물을 받아 주세요!"

청년들은 앞다투어 찾아와 아탈란테의 마음을 얻으려고 애를 썼습니다. 하지만 어떤 멋진 왕자가 와서 청혼을 해도 아탈란테는 관심이 없었습니다. 아르테미스 여신처럼 숲에서 달리기를 하며 예전처럼 자유롭게 지내는 것이 더 좋았기 때문입니다.

시간이 흐르자, 이아소스 왕은 마음이 급해졌습니다. 어서 좋은 신랑감을 골라 아탈란테와 결혼을 시키고 싶었습니다.

"이젠 결혼을 생각할 때가 되지 않았니?"

아탈란테는 번번이 고개를 저었습니다.

이아소스 왕이 자꾸 결혼을 재촉하자 아탈란테는 고민이 되었습니다. 아버지의 마음을 거듭 거절하는 것도 미안했습니다.

마침내 아탈란테는 어떻게 해야 할지 신의 뜻을 알기 위해 신전을 찾아갔습니다. 아폴론 신에게 결혼에 대해 묻자, 신은 이런 *신탁을 내렸습니다.

"아탈란테여, 너는 남자와 결혼해서는 안 된다. 만약 그랬다가는 너 자신을 잃어버릴 것이다."

그 말을 듣자 아탈란테는 덜컥 겁이 났습니다.

"그래, 절대로 결혼하지 말아야겠어. 아르테미스 여신처럼 평생 사냥이나 하면서 혼자 살 거야."

*신탁 신이 사람을 통해 그의 뜻을 나타내거나 인간의 물음에 대답하는 일.

하지만 이 사실을 알 리 없는 청년들은 여전히 아탈란테를 쫓아다녔습니다. 아탈란테를 보기만 하면 그 아름다움에 홀딱 반했고, 줄지어 청혼을 했습니다.

이아소스 왕도 더 이상 기다릴 수 없었습니다. 클리메네 왕비도 재촉했습니다.

"아탈란테, 너를 따르는 저 청년들을 보렴. 이젠 결정할 때가 되지 않았니?"

아탈란테는 차마 자신의 결심을 터놓고 말할 수 없었습니다. 그렇다고 부모님의 말씀을 거스르기도 어려웠습니다.

마침내 아탈란테는 이렇게 말했습니다.

"좋아요. 다만 *조건이 있어요. 나와 달리기 시합을 해서 이기는 사람과 결혼을 하겠어요. 대신 시합에서 지면 그때는 목숨을 받겠어요."

*조건 일정한 일을 결정하기에 앞서 내놓는 요구나 견해.

아탈란테가 달리기 시합을 벌인다는 소식이 널리 알려졌습니다. 지면 목숨을 내놓아야 한다는 무서운 조건에도 아랑곳하지 않고 많은 청년들이 몰려들었습니다.

"아탈란테 공주님만 얻을 수 있다면 목숨도 아깝지 않아."

"난 공주님을 이길 자신이 있다고!"

첫 번째 달리기 시합이 벌어졌습니다. 한 청년이 나서서 출발선에 섰습니다. 아탈란테는 청년을 힐끗 바라보았습니다.

'누구든지 날 이기지는 못할걸?'

뿌우!

나팔 소리가 울리고 시합이 시작되었습니다. 아탈란테는 화살처럼 재빨랐습니다. 마치 날개 달린 듯 가볍게 결승점을 향해 달려갔습니다.

시합은 순식간에 끝이 났습니다. 물론 아탈란테의 승리였습니다. 다음 청년도, 그 다음 청년도 줄줄이 아탈란테에게 지고 말았습니다. 숲에서 곰과 어울려 자란 아탈란테만큼 힘 좋고 빠른 남자는 어디에도 없었지요.

아탈란테에게 도전장을 내민 젊은이들은 줄줄이 시합에서 졌고, 목숨을 잃었습니다. 나중에는 나라 안 젊은이들 수가 줄어들 지경이었습니다.

이아소스 왕은 시름에 잠겨 클리메네 왕비에게 말했습니다.

"아무래도 저 아이는 처음부터 결혼할 생각이 없었던 것 같소."

"그러게요. 이를 어쩌면 좋아요."

이 이야기를 들은 아프로디테 여신은 아탈란테를 괘씸하게 여겼습니다.

3
히포메네스의 도전

아프로디테 여신은 히포메네스에게
황금 사과 세 개를 건네며 쓰는 법을 일러 주었습니다.
"이대로 하면 네가 원하는 것을 얻을 것이다."

달리기 시합의 심판은 히포메네스라는 젊은이가 맡았습니다. 그는 다른 청년들이 아탈란테에게 시합을 청하는 걸 보고 비웃었습니다.

"멍청이들 같으니! 여자를 얻겠다고 목숨을 걸어?"

하지만 그도 경기장에서 아탈란테를 보는 순간 그만 홀딱 반하고 말았습니다.

'오, 여신이 따로 없구나.'

아탈란테가 달리는 모습은 더 아름다웠습니다. 아탈란테의 옷자락은 바람에 흩날리고 풍성한 머리카락은 어깨 위에서 출렁거렸습니다. 흰 살결에 발그레한 볼이 무척이나 고왔습니다.

'오, 신이시여! 제 실수를 용서하소서. 죽음을 걸고서라도 아탈란테를 꼭 얻고 싶습니다.'

히포메네스는 다른 청년들의 시합을 지켜보면서 혹시나 이기는 사람이 생길까 걱정이 되었습니다.

결국 히포메네스도 아탈란테에게 시합을 청했습니다. 어느 청년보다도 빠른 아탈란테를 도저히 이기기 어렵다는 것을 알면서도 이렇게 말했습니다.

"아탈란테여, 어찌하여 느린 청년들만 상대하는 거요? 나와 겨루어 봅시다!"

아탈란테는 아무 말 없이 히포메네스를 바라보았습니다.

"나 히포메네스는 바다의 왕 포세이돈의 자손이요. 내 용기도 그에 못지않소. 나를 이긴다면 자랑스러워해도 좋소."

히포메네스는 당당하게 말했습니다. 아탈란테는 속으로 생각했습니다.

'귀한 목숨을 버리려 하다니, 안타깝구나. 죽기에는 아까운 젊은이로다. 차라리 시합을 청하지 않았으면 좋았을 것을.'

아탈란테는 선뜻 도전을 받아들이지 못하고 머뭇거렸습니다. 자기도 모르게 사랑에 빠진 것이었습니다.

막상 시합을 청하고 나자, 히포메네스도 걱정이 되었습니다. 경기를 지켜본 결과, 자기 힘으로는 도저히 아탈란테를 이길 수 없다는 걸 깨달았기 때문입니다.

히포메네스는 사랑의 여신 아프로디테에게 *간절히 기도했습니다.

"아프로디테 여신이시여, 도와주소서! 당신이 제 사랑에 불을 붙이셨으니, 그 사랑을 얻을 수 있게 해 주소서!"

아프로디테 여신은 기다리고 있었다는 듯 히포메네스 앞에 나타났습니다.

"네 청이 간절하니 들어주겠다."

*간절히 마음속에서 우러나와 바라는 정도가 매우 절실하게.

질투 많은 사랑의 여신 아프로디테

〈아프로디테와 에로스〉 램버트 서스트리

아들인 사랑의 신 에로스와 함께 있는 아프로디테의 모습이에요. 비둘기는 아프로디테가 가장 아끼는 새이지요. 아프로디테는 사랑과 아름다움의 여신이에요. 하지만 신화 속에서 아프로디테는 아름다운 외모와 달리 질투가 많고 못된 성격으로 그려져요. 특히 자신보다 아름답거나 인기가 많은 여자들을 못 견디지요. 지하 세계의 여왕이 된 페르세포네나 에로스의 아내가 된 프시케 등이 대표적으로 아프로디테의 미움을 받았어요.

아프로디테 여신의 신전 뜰에는 황금 나무가 있는데, 그 나무는 황금 잎사귀가 달리고 황금 열매가 열렸습니다.

아프로디테 여신은 거기서 딴 황금 사과 세 개를 히포메네스에게 주었습니다.

"자, 받아라."

아프로디테 여신은 황금 사과를 쓰는 법도 일러 주었습니다.

"이대로 하면 네가 원하는 것을 얻을 것이다."

"친절한 여신님, 감사합니다!"

히포메네스는 기뻐서 어쩔 줄을 몰랐습니다.

황금 사과에 얽힌 이야기

그리스 로마 신화에서 황금 사과에 얽힌 이야기는 꽤 많아요. 황금 사과는 겉보기에는 아름다우나, 속에는 재앙을 감추고 있는 것을 의미하기도 해요. 올림포스의 내로라하는 세 여신이 서로 가지려 다툰 것이 바로 황금 사과였고요, 헤라클레스의 열두 과업 가운데 하나도 황금 사과를 가져오는 것이었어요.
또 제우스와 헤라가 결혼 선물로 받은 것도 황금 사과랍니다.
황금 사과는 귀하다 보니, 그것을 얻기 위해 갖가지 사건들이 일어나지요. 아탈란테는 황금 사과로 말미암아 어떤 일을 겪게 될까요?

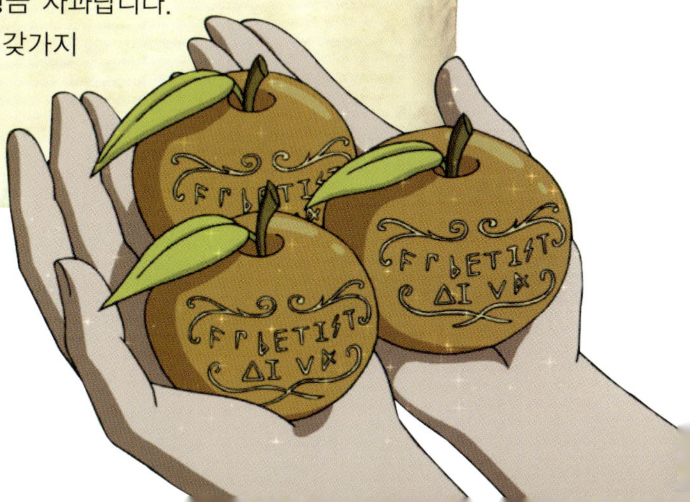

"이 황금 사과만 있으면 걱정 없어!"
히포메네스는 자신만만 한 얼굴로 황금 사과를 내려다보았습니다.
가슴에는 자신감이 가득 차올랐습니다.
아탈란테를 이기고 그녀와 결혼할 생각을 하니 꿈만 같았습니다.

4
히포메네스의 시합

아탈란테는 이따금 속도를 늦추고

히포메네스를 돌아보았습니다.

히포메네스는 점차 숨이 차올랐습니다.

'지금이다!'

시합이 시작되었습니다. 히포메네스의 눈빛에는 아탈란테에 대한 사랑이 넘쳐흘렀습니다. 아탈란테는 그런 히포메네스와 시합을 벌이는 것이 마음 아팠지만 어쩔 수 없었습니다.

뿌우!

출발을 알리는 나팔 소리가 울렸습니다. 두 사람은 힘차게 달려 나갔습니다.

히포메네스의 달음질은 물 위라도 달릴 수 있을 만큼 가벼웠습니다. 구경꾼들이 *함성을 지르며 히포메네스를 응원했습니다.

*함성 여러 사람이 함께 외치거나 지르는 소리.

"와, 잘한다! 더 빨리 달려! 빨리!"

히포메네스는 있는 힘을 다해 달렸습니다. 반면 아탈란테는 처음에는 여유 있게 달리다가 속력을 냈습니다. 곧 가볍게 히포메네스를 앞질렀습니다.

아탈란테는 이따금 속도를 늦추고 히포메네스를 돌아보았습니다. 히포메네스는 점차 숨이 차올랐습니다.

'지금이다!'

히포메네스는 아프로디테가 가르쳐 준 대로 황금 사과를 아탈란테 앞으로 던졌습니다.

'저게 뭐지?'

아탈란테는 반짝거리는 열매를 발견하고 저도 모르게 속도를 늦추었습니다.

"황금 사과잖아? 정말 예쁘다!"

아탈란테는 얼른 황금 사과를 주웠습니다. 그 사이에 히포메네스는 아탈란테를 앞질러 앞으로 죽죽 달려갔습니다.

아탈란테는 황금 사과를 쥐고 다시 달려갔습니다. 금세 히포메네스 뒤까지 바짝 따라붙었습니다.

'자, 그럼 하나 더!'

히포메네스는 다시 사과 한 개를 던졌습니다. 이번에도 아탈란테는 멈춰 서서 황금 사과를 주웠습니다. 그러곤 다시 뛰었습니다.

아탈란테가 바람처럼 달려가자, 멀리 앞서던 히포메네스를 또 금세 따라잡았습니다.

사과와 연인

고대 그리스에서는 사과를 한결같은 애정의 표시로 여겼다고 해요. 그래서 사랑하는 사람에게 마음을 전하고 싶을 때 사과를 던졌다고 해요. 마음에 두고 있는 사람이 지나가는 길에 남몰래 사과를 던지는 것이지요. 그것은 '나는 당신을 사랑합니다. 나의 마음을 받아 주세요.'라는 뜻이었대요. 아프로디테가 황금 사과를 던지라고 한 것도 바로 이 때문이에요. 아탈란테가 그 사과를 주운 것은 자기를 향한 사랑의 마음을 받아들일 생각이 조금은 있다는 뜻 아닐까요?

어느새 결승점이 저 멀리 보이기 시작했습니다.

히포메네스에게는 이제 황금 사과 한 알만이 남았습니다. 그는 조마조마한 마음으로 마지막 황금 사과를 멀찍이 던졌습니다.

"여신이시여, 당신의 힘을 보여 주소서!"

아탈란테는 달리다가 황금 사과를 보고 망설였습니다. 지금 황금 사과를 줍다가는 히포메네스에게 질지도 모릅니다. 하지만 이상하게도 황금 사과를 꼭 갖고 싶었습니다. 아프로디테가 그렇게밖에 할 수 없도록 만든 것이지요. 게다가 황금 사과는 탐나게 생겼으면서도 무거워서 아탈란테가 들고 뛰면 힘이 들었습니다.

망설이던 아탈란테는 결국 멈춰 서서 황금 사과를 주웠습니다. 히포메네스는 그 틈을 타서 있는 힘껏 달렸습니다.

아탈란테와 히포메네스의 달리기 시합

〈아탈란테와 히포메네스〉 구이도 레니

아탈란테는 히포메네스가 앞질러 가는 줄 아는지 모르는지 황금 사과를 줍는 데 정신이 팔려 있어요. 황금 사과가 아주 탐스럽고 매력적이기도 하지만 아탈란테가 히포메네스에게 져 주고 싶었던 것은 아닐까요?
화가는 아탈란테와 히포메네스의 달리기 시합을 부드러운 색과 선으로 표현했어요.

“세상에! 히포메네스가 이겼다!”

사람들이 소리를 질렀습니다.

히포메네스는 기뻐서 어쩔 줄 몰랐습니다.

아탈란테의 머릿속은 복잡했습니다. 아폴론 신에게 받은 신탁이 떠올랐습니다.

‘결혼을 했다가는 너 자신을 잃어버릴 것이다.’

하지만 황금 사과의 유혹을 이기지 못 했고, 히포메네스가 마음에 들기도 했습니다. 아탈란테는 약속대로 결혼하기로 마음을 먹었습니다.

5
사자가 되다

히포메네스는 참지 못 하고 신성한 신전에서

아탈란테와 다정한 시간을 보냈습니다.

그걸 본 제우스의 어머니,

레아 여신은 머리끝까지 화가 났습니다.

이아소스 왕은 무척 기뻤습니다. 사랑하는 딸 아탈란테가 마침내 좋은 청년을 만나 결혼을 하게 되었기 때문입니다. 게다가 더 이상 청년들이 죽지 않아도 되었습니다.

왕은 히포메네스에게 말했습니다.

"참으로 멋진 시합이었다. 이제 너를 아탈란테의 배우자로 인정하마."

히포메네스는 그토록 간절히 원하던 사랑이 이루어지자, 꿈만 같았습니다.

아탈란테도 히포메네스가 싫지 않았습니다. 젊고 용기 있는 태도가 마음에 들었습니다.

"약속대로 결혼을 하겠어요."

둘은 곧 사랑에 빠졌고 여러 사람의 축하를 받으며 성대한 결혼식을 올렸습니다.

결혼식을 올린 아탈란테와 히포메네스는 행복했습니다. 하지만 이야기는 여기서 끝나지 않았습니다.

히포메네스는 너무나 들떴던 나머지, 자기를 도와준 아프로디테 여신을 깜빡 잊어버렸습니다. 감사의 제물은커녕, 모든 영광을 여신에게 돌린다는 인사조차 잊고 말았습니다. 아프로디테는 무척 화가 났습니다.

마침 아탈란테와 히포메네스가 대지의 여신인 레아의 신전에 들르자, 아프로디테는 히포메네스에게 충동적인 마음을 불어넣었습니다. 히포메네스는 참지 못 하고 신성한 신전에서 아탈란테와 다정한 시간을 보냈습니다. 그걸 본 제우스의 어머니, 레아 여신은 머리끝까지 화가 났습니다. 그것은 신에게 도전을 하는 것과 다를 바 없었습니다.

"둘을 사자로 만들어 내 이륜차를 끌게 하라!"

아탈란테와 히포메네스는 영원히 사자가 되어 레아 여신의 이륜차를 끌며 지냈습니다. 그래도 서로를 잊지 않고 오래도록 사랑하며 지냈다고 합니다.

레아 여신이 아탈란테와 히포메네스를 사자로 만든 이유

고대 그리스에서는 사자끼리는 서로 사랑할 수 없다고 생각했어요. 사자가 새끼를 낳는 것은 사자가 아닌 표범과 교미를 해서 낳는 것이라 여긴 것이지요. 레아 여신도 그렇게 생각했어요. 하지만 사실은 그렇지 않아요. 나중에 아탈란테와 히포메네스는 자식까지 낳게 되니까요.

하지만 그리스 사람들의 머릿속에서는 아탈란테와 히포메네스가 사자가 되는 바람에 영원히 사랑을 나누지 못한 것으로 기억되었을 거예요.

신화 뒷이야기 OLYMPUS GUARDIAN

아탈란테의 아름다움은 여러 사람들에게 비극을 불러왔습니다. 멜레아그로스는 아탈란테에게 빠져 외삼촌들을 죽이는 잘못을 저지릅니다. 그로 인해 멜레아그로스의 어머니 알타이아는 운명의 장작을 태워 자식을 죽이는 결정을 합니다. 알타이아 자신도 죽음을 택하고요.

게다가 아탈란테는 결혼하면 모든 것이 끝이라는 신탁까지 듣게 됩니다. 그러니 결혼을 피하기 위해 목숨을 건 달리기 시합을 벌인 것이지요.

사랑의 여신 아프로디테는 그것이 못마땅했습니다. 사랑이란 세상의 어떤 누구도 피할 수 없는 감정인데, 그것을 무시하는 것처럼 보였으니까요.

아프로디테는 기발한 방법을 생각해 냅니다. 아탈란테에게 반한 히포메네스에게 황금 사과를 건네주어, 그가 이길 수 있게 도와준 것이지요. 아탈란테는 자기 앞에 떨어진 황금 사과를 줍느라 결국 경주에서 지게 됩니다.

사실 아탈란테가 마음먹은 대로 하자면 달리기 시합이 끝난 뒤에 황금 사과를 주워도 됩니다. 하지만 아탈란테는 달리는 도중에 줍지요. 그것은 이미 용감하고 젊은 청년 히포메네스에게 마음을 빼앗겼기 때문입니다. 아프로디테가 주장하는 사랑의 법칙에 결국 무릎을 꿇은 것입니다. 그러지 않았더라면 나라 안에 젊고 잘생긴 청년들이 다 죽어나갔을지도 모르지요.

앞 권에서처럼 그리스는 남성 중심의 사회였기 때문에 여자가 남편 없이 혼자 사는 것은 인정하지 않았다고 해요. 아탈란테는 당시 윤리에 따라 남편을 얻긴 했지만 결국 사자가 되는 벌을 받게 되었습니다. 이러한 결말은 그리스 사회가 남자보다 강하고 빠른 여자를 인정하고 싶지 않았기 때문에 만들어졌을지도 모릅니다.

올림포스 신들의 계보

크로노스 + 레아
하데스
지하 세계의 왕
포세이돈
바다의 신
제우스
신들의 왕
헤라
신들의 여왕,
제우스의 아내
헤스티아
난로·불의 여신
데메테르
대지의 여신
아테나
지혜 · 전쟁의 여신
아폴론
의술 · 음악의 신
아르테미스
사냥 · 순결의 여신
아레스
전쟁의 신
헤파이스토스
대장간의 신
아프로디테
헤파이스토스의 아내,
미의 여신
헤르메스
신들의 전령,
상업의 신
디오니소스
술의 신
페르세포네
하데스의 아내
지하 세계의 여왕
제우스 + 메티스
제우스 + 레토
아스클레피오스
의술의 신
제우스 + 헤라
제우스 + 디오네
에로스
사랑의 신
제우스 + 마이아
제우스 + 세멜레
제우스 + 데메테르

⚜ 그리스 로마 신화 주요 인물의 이름 ⚜

그리스 어	로마 어	영어
가이아	텔루스	
니케	빅토리아	나이키, 빅토리
데메테르	케레스	세레스
디오니소스	바쿠스	바커스
레아	키벨레	시벨레
아레스	마르스	마스
아르테미스	디아나	다이애나
아테나	아테네, 미네르바	
아폴론	아폴로	아폴로
아프로디테	베누스	비너스
에로스	쿠피드, 아모르	큐피드
오디세우스	울릭세스	율리시스
우라노스	카일루스	유러너스
제우스	유피테르	주피터
크로노스	사투르누스	새턴
페르세포네	프로세르피나	
포세이돈	넵투누스	넵튠
하데스	플루톤	플루토
헤라	유노	주노
헤라클레스	헤르쿨레스	허큘리스
헤르메스	메르쿠리우스	머큐리
헤스티아	베스타	
헤파이스토스	불카누스	벌컨

그리스 로마 신화 올림포스 가디언 13

사자가 된 아탈란테와 히포메네스

펴낸이 양원석

펴낸곳 ㈜알에이치코리아

등록 2004년 1월 15일 제2-3726호

주소 서울특별시 금천구 가산디지털2로 53, 20층 (한라시그마밸리)

문의전화 02)6443-8800

ISBN 978-89-255-4435-9(74800)

ISBN 978-89-255-4354-3(세트)

값 **12,800원**

원작 만화로 보는 그리스 로마 신화(가나출판사)

이광진 엮음, 홍은영 그림

명화 구입처 유로크레온(주)